AF454901

LE CARNAVAL DE VENISE,

OU

LA CONSTANCE A L'ÉPREUVE,

BALLET-PANTOMIME EN DEUX ACTES,

Représenté, pour la première fois, à Paris, sur le Théâtre de l'Académie Royale de Musique, le Jeudi 22 Février 1816,

PAR L.-J. MILON,
Second Maître des Ballets de l'Académie Royale de Musique;

Musique de MM. PERSUIS ET KREUTZER.

A PARIS,
Se vend au Magasin de la rue Neuve-St.-Marc, No. 10, au coin de la place des Italiens.

IMPRIMERIE DE DONDEY-DUPRÉ.
Rue St.-Louis, no. 46, au Marais.

1816.

Yth 2705

PERSONNAGES. ACTEURS.

La Comtesse VITTORIA......... Mlle. Bigotini.

ANGELINA, Soubrette de la Comtesse. Mme. Courtin.

DON CARLOS, Amant de la Comtesse.................... M. Albert.

FABRICIO, Valet de Don Carlos... M. Ferdinand.

DAMES DE LA SOCIÉTÉ DE LA COMTESSE.

Mmes. Guillet, Naderkor, Aubry, Lemière, Legalois, Podevin, Burron, Joubert.

NOBLES VÉNITIENS.

MM. Maze, Romain, Courtois, Fauchet, Verneuil, Pupet, Galais, Élie cadet.

MASQUES.

MM. Seuriot cadet, Petit, Rivière, Pouillet.

Mmes. Adélaïde, Lequine, Jacotot, Coulon.

MÉDECINS, APOTHICAIRES, EMPYRIQUES.

MM. Lenfant, Bance, Godefroy, Châtillon fils.

VIEILLARDS.

Pantalon................ M. Châtillon.

Cassandre................ M. Broc.

Orgon................ M. Louis.

Mondor................ M. Alerme.

GONDOLIERS.

M. VESTRIS.

Mmes. FANNY, DELISLE, MARÉLIER, ÉLIE.

MM. Auguste.	Mmes. Angéline.
Eve.	Nanine.
Gogot.	Bodson.
Grono.	Seuriot 1re.

LA FAMILLE D'ARLEQUIN.

Arlequin .... M. BEAUPRÉ.

Colombine, sa Femme .... Mlle. MARINETTE.

Deux petits Arlequins, leurs fils.. { Félicité Hullin. / Joséphine Hullin.

Deux petites Colombines, leurs filles { Desirée Leroux. / Péan.

Polichinel .... M. BRANCHU.

PAS DE QUATRE,

DE QUATRE CARACTÈRES DIFFÉRENS.

Don Carlos, *Espagnol*, la Comtesse *en Folie*, Fabricio *en Figaro*, Angelina *en Amour.*

SECOND ACTE.

NOBLES VÉNITIENS.

Mr. PAUL.

Mmes. FANNY, MARELIER.

Les Nobles Vénitiens du premier Acte.

DERNIER DIVERTISSEMENT.

AUTRES VÉNITIENS.

MM. Suriot, Petit, Pouillet, Louis, Rivière, Boudet, Lenfant, Alerme, Châtillon, Bance, Broc, Paul.

NOBLES VÉNITIENNES.

Mme. GARDEL.

Mmes. Adélaïde, Lequine, Jacotot, Boucher, Coulon, Lily, Noblet, Suriot 2e., Proche, Ferette, Laurence, Volet.

GONDOLIERS.

MM. Auguste, Eve, Gogot, Michel, Pequeux, Josse, Martin, Grono, Bertrand, Petit.

Mlles. Angéline, Nanine, Bodson, Seuriot 1re.

La Scène se passe à Venise.

LE CARNAVAL
DE VENISE,
BALLET-PANTOMIME.

ACTE PREMIER.

Le Théâtre représente un Salon simplement décoré, dont une des fenêtres donne sur la place Saint-Marc.

SCÈNE PREMIÈRE.

La Comtesse Vittoria, entourée de ses dames de compagnie, est occupée à essayer plusieurs habillemens de bal, tels que le costume de la Folie et celui de Bohémienne. Angelina l'aide à sa toilette. Chacune des dames complimente la Comtesse sur le choix et le bon goût de ces costumes. La Comtesse les remercie avec bonté et les invite à aller se préparer aussi pour la mascarade.

SCÈNE II.

Vittoria s'examine dans une glace et demande à Angelina comment elle la trouve sous

le costume de la Folie; belle, charmante, répond Angelina qui, à son tour, considérant son costume d'Amour en se regardant dans la glace se fait avec complaisance le compliment qu'elle vient de faire à sa maîtresse. Celle-ci revient prendre la place d'Angelina pour étudier les gestes et les pas qui conviennent à la Folie. Elle s'arrête de tems en tems pour s'occuper de ses parures. Angelina profite de ces intervalles pour répéter devant la glace tout ce qu'elle a vu faire à la Comtesse.

Ce gracieux amusement est interrompu par les sons d'une guitarre qui accompagne les tendres accens de Don Carlos, amant de la Comtesse. Don Carlos n'a point encore obtenu la faveur de voir les traits de celle qu'il adore; c'est par son esprit enchanteur et sa taille séduisante qu'elle a su le charmer.

Vittoria, à ce signal, met un voile et cache son habit de bal sous une robe blanche, tandis qu'Angelina, qui s'est aussi voilée, descend pour introduire Don Carlos.

SCÈNE III.

Le noble Espagnol ne tarde point à paraître avec Fabricio. Don Carlos salue la Comtesse et lui exprime son amour. Fabricio, qui est resté en arrière, débute sur le même ton avec Angelina. Don Carlos sollicite un tendre aveu. Peut-il espérer que ses sentimens seront payés du plus juste retour? Vittoria, avec expression, avoue qu'elle l'aime tendrement ! Transporté de joie, Don Carlos se jette à ses pieds, et la remercie du bonheur qu'elle vient de lui faire éprouver.

Fabricio, en posture de suppliant, attend également un tendre aveu que la timidité feinte d'Angelina semble retenir, mais il se relève, offre sa main dans laquelle Angelina met la sienne et le pacte amoureux se trouve ainsi conclu.

Cependant Don Carlos montre le plus vif désir de voir celle qu'il adore dégagée de ce voile importun. La Comtesse s'y refuse, elle veut que son amant sache préférer en elle les qualités du cœur et de l'esprit, aux charmes d'une figure régulière. Don Carlos se soumet avec résignation à la volonté de la Comtesse, et pour preuve de sa confiance, il prend le ciel à témoin de ses sermens de fidélité.

Fabricio, encore plus curieux que son maître, est aussi bien moins soumis; il veut lui-même se satisfaire en levant le voile d'Angelina; celle-ci se défend, et, dans ce débat, Fabricio reçoit un soufflet qui change un peu sa belle humeur. Angelina le blâme de se fâcher pour si peu de chose, et semble lui en promettre bien d'autres.

Cet air lutin fait faire quelques réflexions à Fabricio; il craint que la précaution qu'Angelina met à cacher sa figure, n'ait pour cause quelques imperfections; Angelina qui devine sa pensée, se promet de s'en venger.

L'heure de partir pour le bal est arrivée. Don Carlos et Vittoria conviennent d'une manière de se donner la main, afin de se reconnaître. Angelina propose à Fabricio, comme signe de reconnaissance, de lui marcher sur le pied; mais il s'y refuse et lui propose de lever un doigt. Angelina est de son avis et lui promet d'en lever deux.

Don Carlos et Fabricio prennent congé de leurs dames.

SCÈNE IV.

La Comtesse et Angelina s'empressent de passer un habit de bohémienne par-dessus leur premier costume. Les dames de compagnie viennent les chercher, et elles partent toutes pour le bal.

Le Théâtre change et représente la place St.-Marc; la maison de la Comtesse est sur la gauche au premier plan. La Mer tient tout le fond du Théâtre.

SCÈNE V.

On voit la mer se couvrir dans le lointain de gondoles. Différentes compagnies de masques parcourent la place.

Vittoria sort de chez elle accompagnée des dames de sa suite. Elles disparaissent dans la foule.

Les gondoles qu'on a vu passer dans le lointain, abordent le rivage, des masques de divers caractères en descendent et se réunissent à ceux qui sont déjà arrivés.

Don Carlos se trouve arrêté par une Bohémienne, c'est la Comtesse qui lui propose de lui dire sa bonne aventure, elle lui annonce qu'il est amoureux ; il l'affirme avec passion, elle lui dit qu'il va tous les soirs pincer de la guitarre sous les fenêtres de sa belle, mais elle lui apprend qu'il est dans l'erreur de croire aux charmes de sa figure quand elle ne se voile que pour cacher sa laideur. Don Carlos n'ajoute pas foi à cette méchanceté, il aime et rien ne peut ébranler sa constance, ni lui faire trahir son serment. La taille élégante de cette Bohémienne lui fait naître quelques soupçons; il pense que ce masque pourrait être Vittoria elle-même, et pour s'en assurer, il lui donne le signal convenu en lui présentant la main; mais voyant qu'elle n'y répond point, il la quitte pour tâcher de découvrir sa maîtresse.

SCÈNE VI.

Fabricio arrive en poursuivant une autre Bohémienne qui est Angelina, il la rejoint et commence à faire le galant, lorsqu'Angelina levant son petit bâton magique, lui commande l'attention. Après avoir lu dans son grimoire, elle lui rappelle qu'il a une maîtresse dont elle lui montre la demeure. Fabricio étonné de la science de la magicienne, avoue qu'elle lui a dit la vérité, mais qu'il a renoncé à cette maîtresse parce qu'il doute fort de sa beauté, et qu'il est certain de sa méchanceté. Angelina lui fait répéter une seconde fois cette impertinente accusation; puis feignant une inspiration subite, elle tombe à coups redoublés de son bâton et de son livre sur l'insolent Fabricio, et s'enfuit avant qu'il ait pu songer à se défendre. Une foule de masques vient l'assaillir et s'amuser à ses dépens. L'un veut recommencer à lui dire sa bonne aventure, l'autre veut lui vendre du baume pour calmer ses blessures. Un médecin veut lui tâter le pouls. Toutes les femmes le prennent sous leur protection, les hommes en paraissent jaloux.

SCÈNE VII.

Fabricio est ainsi balotté lorsque tout le monde l'abandonne pour se porter vers la mer. On voit arriver une gondole magnifiquement ornée. La déesse de cette mascarade est Vittoria à visage découvert sous le costume de la Folie; Angelina est à côté d'elle sous le costume de l'Amour. La Folie débarque avec l'Amour qu'elle conduit; elle est suivie de poëtes, de peintres, de musiciens, de jeunes gens et de vieillards. Ce cortège s'augmente à chaque instant; tous les masques s'empressent d'en faire partie. La beauté, l'élégance de la taille et la légéreté des pas de la Folie attirent l'attention générale. Chacun desire danser avec elle. Jeunes-gens, vieillards, tous se présentent. Elle déclare qu'il n'y aura que ceux qui seront touchés par la flèche de l'Amour, qui auront cet avantage. Elle couvre les yeux de l'Amour, et le prenant par la main, elle le conduit et le guide. Chacun se met en avant, mais il n'y a que Don Carlos et

Fabricio que la flèche de l'Amour désigne; ils dansent tous les quatre et font l'admiration du bal.

La danse devient générale, la Folie n'abandonne point Don Carlos qui paraît fort embarrassé; il voudrait trouver l'occasion de quitter ce masque trop séduisant, mais elle le tient par la main et de manière à ce qu'il ne puisse lui échapper, tandis que Fabricio et l'Amour se conduisent tout différemment. Fabricio poursuit l'Amour qui s'esquive à tous momens, et quand il peut le rejoindre il lui exprime la passion qu'il lui inspire.

Cependant les masques se sont dispersés, la place est devenue déserte, il ne reste que Don Carlos, la Folie, Fabricio et l'Amour. La Folie emploie tous les moyens pour entraîner Don Carlos, celui-ci résiste à toutes ces attaques, et reste fidèle à sa dame voilée. Vittoria exprime la satisfaction intérieure qu'elle éprouve et se retire.

Fabricio ne veut plus se séparer de son cher Amour, il le supplie de ne point l'abandonner; mais il ne peut le persuader, et il se dégage de ses bras pour suivre sa maîtresse.

SCÈNE VIII.

Fabricio est arrêté par son maître, qui lui

reproche son inconstance. Fabricio lui dit qu'il n'est pas tenu d'avoir de la constance pour une femme qu'il n'a jamais vue, et qu'il ne peut s'empêcher d'aimer un minois charmant. Il invite son maître à ne pas laisser échapper une si belle occasion, et à préférer une beauté réelle à une beauté idéale. Don Carlos lui ordonne de finir ; il obéit, mais il se dépite. Où retrouvera-t-il ce charmant amour? peut-être l'a-t-il perdu pour toujours ? Il se désespère tandis que son maître regarde les fenêtres de sa dame en attendant son retour.

SCÈNE IX.

VITTORIA reparaît dans le fond du théâtre avec plusieurs hommes masqués à qui elle donne des ordres ; ensuite elle s'éloigne par le bord du rivage.

SCÈNE X.

QUATRE de ces masques tombent à l'improviste sur Don Carlos, l'enlèvent et l'enferment dans une gondole qui part aussitôt.

SCÈNE XI.

Le cinquième masque armé de deux épées en jette une à Fabricio en lui signifiant de se défendre. Fabricio, peu flatté de cette proposition, recule avec effroi et ne s'arrête que lorsqu'il est adossé contre le mur. Alors il se jette à genoux pour lui demander grace; mais quelle est sa surprise, quand son valeureux adversaire la lui accordant, se démasque et lui fait voir son cher petit Amour, qu'il craignait tant de ne plus revoir. Il se relève avec joie et court après Angelina qui se sauve dans une gondole à deux portes; elle entre par l'une, ressort par l'autre, qu'elle referme aussitôt que Fabricio est arrivé dans la gondole, tandis que le gondolier ferme la première porte, de manière que Fabricio se trouvant enfermé, est obligé de passer sa tête par la lucarne pour solliciter sa liberté. Angelina revenue sur la place, se moque de lui, et la gondole s'éloigne à force de rames.

On voit arriver la riche gondole de la Folie. Vittoria y tient la première place; elle est entourée des personnes de sa suite, auxquelles vient se joindre Angelina, et cette espèce de conque marine suit majestueusement les gondoles qui la précèdent.

ACTE SECOND.

Le Théâtre représente un Salon magnifiquement décoré.

SCÈNE PREMIÈRE.

Les quatre hommes masqués qui ont enlevé Don Carlos arrivent avec lui en le soutenant par dessous les bras. Ils le saluent avec respect et se retirent en arrière. Des domestiques lui présentent un riche habit vénitien, et l'invitent à passer dans un autre appartement pour y faire sa toilette.

Don Carlos voyant qu'on n'a point l'intention de lui faire du mal, puisqu'on le traite avec tant d'égards, consent à tout ce qu'on veut de lui, et entre dans la chambre voisine.

SCÈNE II.

La Comtesse arrive pour s'informer de la conduite qu'on a tenue envers Don Carlos; elle est suivie d'Angelina. Elle donne l'ordre à tout le monde de préparer les épreuves qu'elle veut faire subir à son amant, et se retire.

SCÈNE III.

Don Carlos rentre magnifiquement habillé;

il interroge chaque personne; on ne lui répond que par un salut respectueux.

SCÈNE IV.

Une porte s'ouvre, Don Carlos voit arriver la Bohémienne qui l'a intrigué dans la place St.-Marc : elle l'aborde en lui exprimant : « Ah ! que je fus bien inspirée, quand je vous reçus dans ma cour » ! Don Carlos lui fait connaître les sermens de fidélité qu'il a jurée à sa dame, et sollicite sa liberté, qu'il ne peut obtenir.

SCÈNE V.

A un signal que fait la bohémienne, un grand nombre de domestiques vient recevoir ses ordres.

Bientôt une brillante société s'avance, des dames et des nobles Vénitiens richement parés précèdent de jeunes demoiselles costumées en nymphes. Tous saluent Don Carlos et la bohémienne. Chacun prend place suivant son rang. Les domestiques garnissent le fond. Par cet appareil d'opulence et de grandeur, Vittoria veut donner à Don Carlos une idée de sa fortune, et c'est cette fortune considérable qu'elle lui offre avec le don de sa main. Don Carlo s plein de respect et de reconnaissance pour cette grande dame, lui exprime qu'il a engagé sa foi et qu'il ne peut accepter les dons précieux qu'elle veut bien lui faire. Sa liberté est le seul bien qu'il lui demande. Avant de la lui accorder, on veut lui faire connaître tout ce qu'il refuse : aussitôt Vittoria dégagée de son dominos et de son masque, fait voir à Don Carlos une figure enchanteresse. La vue de tant de charmes le surprend, le ravit ; il se croit transporté au séjour des grâces. Vittoria l'invite à s'asseoir près d'elle sur un riche sopha ; c'est alors qu'il reconnaît tous les traits de l'aimable Folie avec laquelle il a dansé au bal.

Les dames et les nobles Vénitiens exécutent une fête analogue à la circonstance. La fête terminée, Dou Carlos reste seul avec Vittoria.

SCÈNE VI.

La Comtesse se lève en tenant Don Carlos par la main, et comme une seconde Armide, elle lui dit avec passion, *aimons-nous, aimons-nous, tout nous y convie, etc....* Don Carlos ne sachant que répondre, et considérant tant de tendresse, semble presque regretter ses premiers engagemens ; il lui déclare qu'il ne peut être à elle ; qu'une autre a reçu sa foi, et que ses sermens sont sacrés. Ce refus accable de douleur la nouvelle Armide; elle s'abandonne au désespoir, et reproche à Don Carlos sa cruauté et les maux auxquels il va la livrer. Une langueur subite s'empare de ses sens; elle tombe dans les bras de Don Carlos, qui frémit de la voir en cet état. Il la pose sur le sopha et se reproche de n'avoir point assez ménagé sa sensibilité; il craint de la voir mourir dans ses bras.

SCÈNE VII.

Don Carlos parvient à faire venir du secours. Plusieurs dames donnent leurs soins à la Comtesse. Agité par les différentes sensations qu'il vient d'éprouver, Don Carlos paraît un instant irrésolu; mais l'honneur le ramène bientôt à ses premiers engagemens; il se promet de les tenir en exprimant : *Vainement Almaïde encore veut m'enflammer par ses attraits ;* que sa dame est la seule qu'il adore, et que son cœur est à elle à jamais. Vittoria, dont l'évanouissement n'est qu'une feinte, se lève avec fureur, et lui adresse tout ce que fait dire la colère quand elle est maîtresse des sens. Elle lui annonce qu'il ne s'attende point à aller porter ses hommages aux pieds de sa rivale, parce qu'elle ne lui rendra point sa liberté. Aussitôt les quatre hommes masqués le font entrer dans un appartement où ils l'enferment.

La Comtesse est délicieusement affectée de la fidélité inviolable de son amant, sort avec ses dames pour accélérer la fin de cette aventure.

La décoration change et représente les jardins du Château de la Comtesse.

SCÈNE VIII.

Fabricio arrive dans une gondole, descend dans le jardin dont il admire la beauté, et paraît surpris de n'y trouver personne. Pour s'assurer si ce lieu est habité, il va frapper à la porte de deux pavillons qui se trouvent l'un à sa droite, et l'autre à sa gauche. Pendant ce tems, deux estafiers, sortis de ce pavillon, viennent se placer derrière lui. Comme on n'a point répondu, il est étonné de ce silence et se croit absolument seul. En se retournant il rencontre le premier estafier; saisi de crainte il le salue profondément et lui demande pour quelle raison on l'a conduit dans ce château, cet homme sans lui répondre se repose brusquement sur sa hallebarde; effrayé de cette figure rébarbative, Fabricio recule et va se heurter contre le second estafier. En l'appercevant sa frayeur augmente. Il fait à ce nouveau venu la même question qu'il a faite au premier; celui-ci répond de la même manière. Tremblant de se trouver entre ces deux hommes, il les regarde pour deviner leurs intentions, et cherche à fuir. Comme il s'apperçoit que ces estafiers ne le quittent pas, sa frayeur redouble, il se croit perdu. A l'instant arrive un officier, accompagné des vassaux de la Comtesse; il feint la plus grand surprise, en reconnaissant Fabricio, le salue, et le désigne comme étant le maître du château et ordonne à tout le monde de lui obéir, et de s'incliner devant lui. On lui apporte un habit et on l'invite à s'en revêtir pour aller au devant de sa nouvelle maîtresse.

SCÈNE IX.

Des jardiniers et des jardinières tenant des cerceaux garnis de fleurs arrivent en dansant autour d'un palanquin dont les rideaux sont fermés; ils s'arrêtent au milieu du jardin; et sur l'air : *Que d'attraits, que de majesté,* etc. les rideaux s'ouvrent et laissent voir une petite vieille. Elle s'appuie sur sa béquille, s'avance en branlant la tête, et s'adressant à tout le monde, elle demande : *Avez-vous vu mon bien-aimé ?* En apercevant Fabricio, elle lui dit : *Tiens, ma reine, je soupire ; vois l'excès de mon amour.* Fabricio la prend pour une folle, et lui représente qu'il est ridicule de parler d'amour à son âge. Elle l'assure que l'âge n'y fait rien quand le cœur est sensible; elle invoque l'hymen sur l'air : *Viens unir en ce jour deux cœurs, formés pour toi par les mains de l'amour,* et s'abandonne entre les bras de Fabricio qui la repousse avec rudesse, en lui déclarant qu'il ne sera jamais son époux. A ce refus, la vieille trépigne des pieds, et le poursuit en le menaçant de sa béquille, et en lui adressant : *Ne crois pas me tromper, ne crois pas m'échapper.*

Fabricio, pour se débarrasser de cette vieille mégère, se sauve dans un pavillon dont il ferme la porte.

SCÈNE X.

La Comtesse paraît, elle a repris son premier costume et son voile. Angelina ôte son bonnet de vieille, et raconte à sa maîtresse ce qui vient de se passer. Vittoria voulant mettre fin à ces épreuves, ordonne que don Carlos soit mis en liberté, puis elle se retire avec Angelina.

SCÈNE XI.

Bientôt on voit sortir d'un pavillon, don Carlos conduit par un Officier : celui-ci lui dit qu'il est libre de se retirer. Fabricio n'entendant plus de bruit, sort aussi de son pavillon, et se rencontre face à face avec son maître. Tous deux éprouvent la plus grande surprise, et se témoignent le plaisir qu'ils ont de se revoir. Don Carlos ne peut s'empêcher de rire de l'habillement de Fabricio et lui en demande l'explication. Celui-ci conjure son maître de retarder cette explication et de sortir sur-le-champ de ce château. Ils se disposent tous deux à partir lorsque leurs dames voilées s'offrent à leurs regards.

SCÈNE XII ET DERNIÈRE.

Cette vue leur cause la plus agréable surprise; ils les abordent avec empressement. La Comtesse et Angelina font à leurs Amans le signe de reconnaissance : ceux-ci leur donnent les assurances de leur inviolable fidélité, en leur disant : *Vainement Almaïde encore veut m'enflammer par ses attraits. Zelime*, etc. Pendant ce tems la Comtesse et Angelina se débarrassent de leurs voiles et de leurs dominos. Don Carlos et Fabricio sont dans le plus grand ravissement de reconnaître dans leurs maîtresses celles qui, sous plusieurs déguisemens, ont cherché à les séduire.

Les vassaux de la Comtesse se réunissent pour célébrer par des danses le bonheur de leurs maîtres.

FIN DU BALLET.

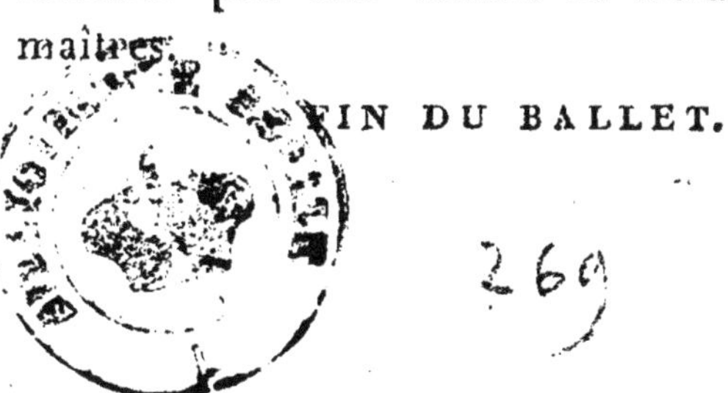

269

www.ingramcontent.com/pod-product-compliance
Ingram Content Group UK Ltd.
Pitfield, Milton Keynes, MK11 3LW, UK
UKHW021047260726
13994UKWH00005B/2389

9 782329 338552